持続可能な地球のために──いま、世界の子どもたちは

第1巻

安心してくらしたい
貧困・飢餓

茂木ちあき 著

シリア国内の紛争で住む家を追われ、仮設シェルターで避難生活をする母娘。シリアの国内避難民や難民に対して、国際NGOセーブ・ザ・チルドレンなどは、生活に必要な物資の提供や、教育、医療、保健・栄養などさまざまな分野の支援を行っています。

新日本出版社

地球を守る17の目標＝SDGs

「SDGs」って、知っていますか。

聞きなれない言葉ですが、"Sustainable Development Goals"の略で、「持続可能な開発目標」という意味です。

地球の開発と発展が将来もずっとつづくよう、国際連合（以下国連）で定めた世界の目標です。

2015年9月、世界150か国以上の代表がニューヨークの国連本部に集まりました。地球が抱える問題や将来について話し合い、2030年までに達成すべき世界の目標を定めました。

これがSDGs、「持続可能な開発目標」です。

世界には、およそ75億人の人びとがくらしています。

その8割以上が開発途上国にくらし、およそ8億人が極度の貧困と飢餓に苦しんでいます。

飢えで命を落とす人は1分間に17人。

5歳未満の幼い子どもが、5秒に一人の割合で亡くなっています。

毎日1,600人以上の子どもが、不衛生な水による病気で命を落としています。

世界の5,800万人の子どもは学校にいけません。

戦争や紛争に巻き込まれて難民になっている人は6,500万人を超え、その半数は子どもです。

また、地球規模の気候変動は、世界各地で有史以来最悪の干ばつや大洪水

　を引き起こし、子どもたちの安全な生活を奪っています。
　「持続可能な開発目標」＝SDGs は、世界中のすべての人びとが平和で健やかな 2030 年を迎えられるよう、17 の目標を掲げました。
　本書はこの中から特に子どもたちを守る目標に注目し、世界の各地で「いま」を生きる子どもたちの様子を見つめていきたいと思います。
　地球に生きるすべての子どもが、安心して、安全な未来を迎えられるよう、わたしたちにできることはなんでしょうか。
　いっしょに学び、考えていきましょう。

持続可能な地球のために
―いま、世界の子どもたちは―

　本書は、SDGsのなかからおもに子どもに関わる目標に注目し、テーマ別に以下の4巻で構成します。巻ごとのタイトルと、それにかかわるSDGsを紹介します。

1巻　安心してくらしたい【貧困・飢餓】
目標1　世界中のあらゆる貧困をなくそう。
目標2　あらゆる飢餓を終わらせよう。

2巻　学校にいきたい【教育】
目標4　すべての人に公平で質の高い教育を。
目標5　あらゆる場面でジェンダー(男女差)の平等をめざそう。

3巻　健康で生きたい【保健・衛生】
目標3　すべての人に健康と福祉を。
目標6　世界中の人が安全な水とトイレを使えるように。

4巻　温暖化をくいとめよう【環境】
目標7　すべての人が持続可能なエネルギーを得られるように。
目標13,14,15　地球規模の気候変動と自然環境の破壊に対して。

「SDGs=持続可能な開発目標」は、巻末ページに掲載しています。

1巻 安心してくらしたい【貧困・飢餓】

もくじ

- 地球を守る17の目標＝SDGs …………………………… 2
- 1、世界のおよそ8億人が「極度の貧困」…………………… 6
- 2、途上国の子どもの4人に1人は"飢餓" ………………… 8
- 3、発育阻害の子どもたち【グアテマラ】………………… 10
- 4、売られてゆく少女たち【インド】……………………… 12
- 5、スマホにひそむ危険な児童労働【コンゴ民主共和国】……… 14
- 6、帰る家のない子どもたち【バングラデシュ】………… 16
- 7、第二次世界大戦以降、最悪の難民数 ………………… 18
- 8、紛争の犠牲になる子どもたち【シリア】……………… 20
- 9、ロヒンギャの子どもたち【ミャンマー】……………… 22
- 10、子ども兵士 ……………………………………………… 24
- 11、2分おきにあらたな栄養不良児が発生【南スーダン】…… 26
- 12、「食品ロス」をなくして飢餓を克服しよう ………… 28
- 未来ある地球のために …………………………………… 30

1 世界のおよそ8億人が「極度の貧困」

　国連では、1日1.9ドル未満でくらす人を「極度の貧困」としています。日本円にすると、200円にもなりません。
　食料だけでなく、水や衣類、住宅など、生きていくために必要なすべての費用を含めて1日200円足らず。だれもが受けられるはずの初等教育や、最低限の保健医療など、人としての権利を行使することもできません。

　1900年代、アフリカやアジアなどの開発途上地域では、半数近くの人びとが「極度の貧困」でくらしていました。国連はこの状態を改善しようと2000年、「ミレニアム開発目標」を定め、"2015年までに極度の貧困を半減させる"と決めました。
　国連や各国の取り組みで、2013年には「極度の貧困」は世界全体の18パーセントに減少しました。しかし、紛争や災害などでさらに状況が悪化する地域もあり、いまなお、世界のおよそ8億人が、「極度の貧困」でくらしています。

　とくに、サハラ砂漠より南のアフリカ地域では、全人口の47パーセントが極度の貧困状態にあり、その約半数は18歳未満の子どもです。
　紛争の勃発や長引く内戦、気候変動による大規模な干ばつや水害などが、大きな原因です。
　2015年に採択された「持続可能な開発目標＝SDGs」では、2030年までに極度の貧困をなくすことを目標にあげています。しかし、このままでは達成は難しい状況です。2030年には、「極度の貧困」でくらす世界の子どもの、10人に9人が、サハラ以南のアフリカにくらす子どもになると推定されています。

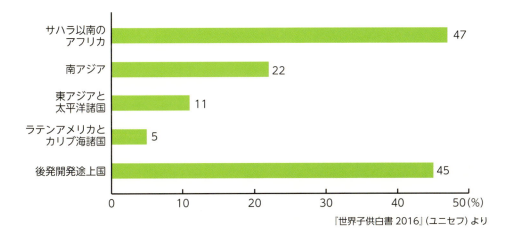

極度の貧困でくらす人の割合 (単位：%)

- サハラ以南のアフリカ: 47
- 南アジア: 22
- 東アジアと太平洋諸国: 11
- ラテンアメリカとカリブ海諸国: 5
- 後発開発途上国: 45

『世界子供白書 2016』(ユニセフ) より

アフリカ最大のスラム街の一つとされるキベラにくらす子どもたち（ケニア、2015年8月撮影）。2015年のSDGsの採択に向けて、セーブ・ザ・チルドレンを始めとするNGO/NPOは、貧困・格差、不平等、気候変動の解決を求め、市民運動「アクション2015」を世界各国で展開しました。

2 途上国の子どもの4人に1人は"飢餓"

「極度の貧困」状態にある人は、そのほとんどが飢えに苦しんでいます。これは世界の9人に1人、およそ8億人になります。

開発途上国の子どもたちは、4人に1人が飢えて、栄養不足に苦しんでいます。

戦争や干ばつ、洪水、食料価格の上昇など、原因はさまざま考えられますが、最大の原因は「貧困」です。

飢えがつづいて重い栄養不足になると、体の免疫力がおちて、下痢などの軽い病気でも命さえ危険な状態におちいります。

満5歳を迎えられずに、命を落とす子どものおよそ半数は、飢えによる栄養不足が原因です。

国連WFP ハンガーマップ
世界の飢餓状況

栄養不足の人口の割合（2014年～2016年）

- 5%未満　非常に低い
- 5-14.9%　やや低い
- 15-24.9%　やや高い
- 25-34.9%　高い
- 35%以上　非常に高い
- データなし、またはデータ不足

この地図は2014年から2016年の段階における、各国の総人口に対する栄養不足人口の割合を示しています。

© 2015 World Food Programme (WFP)

1日わずか30円で、飢えた子ども1人に食糧を、その子の人生を変えることできます。

世界には、日本やアメリカのように経済的に発展した先進国と、様々な理由で開発が遅れている開発途上国があります。開発途上国の中でもさらに開発が遅れた貧しい国を、後発開発途上国、または最貧国といいます。後発開発途上国は世界に49か国あり、多くの国民が「極度の貧困」に苦しんでいます。

　「極度の貧困」は2015年9月までは1日1.25ドル未満でしたが、国連や世界銀行の見直しにより、2015年10月から1日1.9ドル未満とされています。

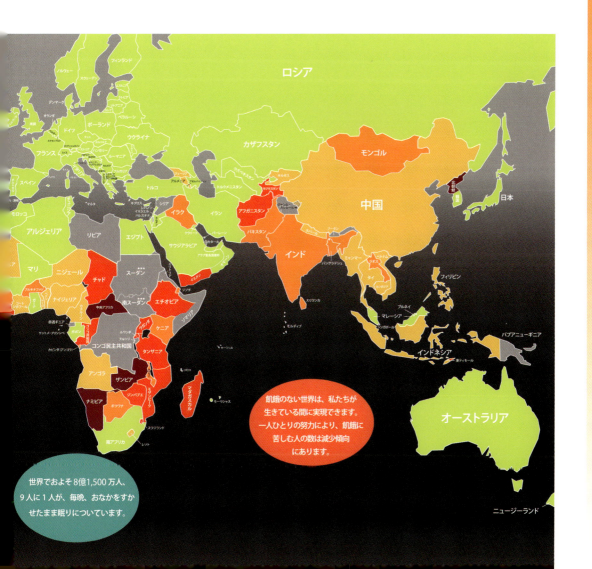

飢餓のない世界は、私たちが生きている間に実現できます。一人ひとりの努力により、飢餓に苦しむ人の数は減少傾向にあります。

世界でおよそ8億1,500万人、9人に1人が、毎晩、おなかをすかせたまま眠りについています。

3 発育阻害の子どもたち【グアテマラ】

　胎児のときから生後満２歳まで、慢性的に栄養不足がつづくと、運動機能や知能などの発育におくれが生じることがあります。極端な低身長もおもな症状のひとつです。「発育阻害」といわれます。

　中央アメリカのグアテマラ共和国は、日本の北海道と四国をたしたほどの面積で、コーヒーや砂糖、バナナなどの農業生産が中心の国です。

　ここでは５歳未満の子どもの47パーセント、およそ２人に１人は「発育阻害」です。

　山あいの地域にあるトトニカパン県の小学校では、１年生の身長が105～110センチメートルほど。首都グアテマラシティーの小学校の１年生に比べて、10センチメートルちかく低身長になっています。

　おもな原因は貧困と栄養不足です。

　また、母親が妊娠中に栄養不足だったり、農作業などの重労働で低体重児が生まれることも少なくありません。

　母親だけでなく、地域全体の育児や栄養への知識も不足しており、子どもに十分な栄養が与えられていません。

　グアテマラ政府は国連のユニセフと協力して、2012年から、発育阻害の子どもをなくすための取り組みをはじめました。妊娠中の女性に定期的な検診をしたり、おもな育児のにない手である母親や祖母を集めて、栄養や衛生についての学習会をしたりしています。

　また、栄養不良と「発育阻害」の子どもに対し、粉末の栄養補助食品を配って、飲み物や食品に混ぜて食べるよう指導しています。

子ども全体に対する発育阻害の子どもの割合

地域	割合(%)
サハラ以南のアフリカ	36
中東と北アフリカ	18
南アジア	37
東アジアと太平洋諸国	11
ラテンアメリカとカリブ海諸国	10
中・東欧とバルト海諸国	10
世界平均	24

『世界子供白書2016』(ユニセフ)より

　グアテマラ南部山岳地域にあるトトニカパン県の家庭では、食料はほぼ、大豆とトウモロコシだけです。おもに自宅で育てて自給自足していますが、ほかの野菜は現金が手に入ったときだけ、市場に買いに行きます。多くの家でニワトリを飼っていますが、市場で卵を売るためです。家庭で食べるのは2週間に1回くらい。肉は月に1回ほどしか食べられません。

ユニセフ（UNICEF：国際連合児童基金）

　乳幼児期から青年期までの子どもたちの命と健康を守るため、190の国と地域で活動しています。世界34の先進国・地域にユニセフ協会を置き、募金や広報活動・アドボカシー（政策提言）活動などを行っています。日本では1955年、日本ユニセフ協会が設立され、日本国内でのユニセフの窓口となっています。

4 売られてゆく少女たち【インド】

インド西部の都市ムンバイの裏通りには、売春宿が立ち並んでいます。貧困のため、親元を離れて働きに出された少女たちが、鍵のかかった薄暗い部屋に閉じ込められて、売春をさせられています。

多くの少女たちが自分の意志ではなく、おとなにだまされたり、お金で売買されて、送りこまれています。被害者はこれまでに100万人とも、300万人ともいわれます。

2006年から2013年までの7年間に、ムンバイとその周辺地域で救出された女性や少女のうち、47パーセントがインド東部の西ベンガル州出身でした。

西ベンガル州の郊外は貧しい農村地帯で、住民のほとんどが農業を営んでいます。低湿地帯なので、洪水など災害の影響をとても受けやすい地域でもあります。住民は日常的に食料不足と貧困に苦しんでおり、貧しい家庭の女の子たちは学校にもいけずに、働いています。国境を越えたり、遠方まで出かせぎに出ることもめずらしくありません。

少女たちを農村から連れ出して、人身売買の仲立ちをする人は「トラフィッカー」といわれます。トラフィッカーは家族や親せき、近隣の住民など、被害者の顔見知りが70％を占めています。

被害少女たちのなかには、10歳未満の子どももいます。しかし、州をまたいで遠距離で発生しているため、警察や取り締まりの手が届きにくいのが現状です。運よく救出されて故郷の家に帰っても、自分を売った家族への不信感は消えず、

首都ニューデリー

西ベンガル州
米・ジュート・タバコなどの栽培が盛んな農村地帯。この地域から多くの被害者が発生している。

約2,000km

ムンバイ
人口1,200万人以上の世界有数の都市。数多くの売春宿が存在する。

家族のきずながなかなか取り戻せないこともあります。また、地域住民の偏見の目も厳しく、社会復帰も簡単ではありません。

　インド政府は 2016 年 5 月、人身売買に関する取り締まり法案を公開し、ようやく対策に乗り出しています。

　お母さんには借金がありました。生活が苦しくて、お母さんは私を 700 ドルで売春宿のオーナーに売りました。オーナーの男は、私を別の宿に 1 か月 100 ドルで貸し出しました。1 か月の間、宿の部屋に閉じ込められ、「もし客をとらなかったら母親に電話をして金を返せと要求する」といって、脅しました。

・・・・・・・・

　サリナ（仮名）は西ベンガル州の貧しい農村の出身です。7 人きょうだいの一番上で、おなかをすかせて学校にもいけない妹や弟のために、出稼ぎに出たいと思っていました。同じ村に住む知り合いの女性から「働き口を紹介する」といわれたので出かけると、飲み物をすすめられました。それを飲むと気を失い、気がついたら見知らぬ男と電車に乗っていたのです。「家に帰して」というと男は暴力を振るい、「おまえを買ったのだから、借金を返さないうちは帰れない」といわれました。

（参照：特定非営利活動法人「かものはしプロジェクト」年次報告書他）

5 スマホにひそむ危険な児童労働【コンゴ民主共和国】

　スマートフォンやノートパソコンなどに使われているリチウム・イオン電池には、コバルトという金属が欠かせません。近年、世界中で急速に需要が伸びているコバルトですが、その半分以上が、アフリカのコンゴ民主共和国で生産されています。

　コンゴ民主共和国は、世界でもっとも貧しいとされる最貧国のひとつです。子どもたちの43パーセントが発育阻害に陥っており、毎日学校に通える子どもは半数もいません。

　国の東部から南部にかけてはコバルトが採掘できる鉱山が連なっており、朝早くから子どもたちが群がって、鉱物の採掘に当たっています。

　国の調査では、コバルトの採掘に従事する子どもは少なくとも4万人以上、年齢の低い子どもは7歳から働いているといいます。1日12時間働いて、手取りはわずか1ドルか2ドルです。子どもたちはこのお金を家に持ち帰り、家計の足しにしています。

　小さい子どもたちは、年上の子どもやおとなが掘り出した岩石を洗い出して、コバルトや貴重な鉱物を見つける仕事を担当します。でも、狭い坑道に入り込むには体の小さな子どもの方が好都合で、鉱石の運び出しなどの危険な重労働に回されることもあります。

　コバルトには毒性があり、呼吸器や心臓の病気を引き起こす物質が含まれています。しかし、安全対策は不十分で、子どもたちはマスクもつけず、素足や素手で危険な作業をつづけ、けがをしたり健康を損ねる子どもも多くいます。

© Amnesty International

コンゴ民主共和国

『世界子供白書 2016』（ユニセフ）より

77%
極度の貧困に苦しむ人の割合

43%
中・重程度の発育阻害

98%
（世界でワースト9位）
5歳未満児の死亡率

6 帰る家のない子どもたち【バングラデシュ】

親元を離れ、路上で生活する子どもたちは、ストリートチルドレンといわれます。その数は、世界に1億人とも1億5,000万人ともいわれています。

バングラデシュの首都ダッカには、およそ30万人のストリートチルドレンがいます。

ダッカは国一番の大都会です。子どもたちは貧しい家の家計を助けようと田舎から出てきて、少しでも収入のいい仕事を探してさまよいます。親が働きに行ったまま帰らなかったり、親の虐待などで家を飛び出してくる子どももいます。

ダッカの玄関口といわれるショドル・ガットの船着き場は、人の往来が激しく、衣服や食料品、雑貨を売る店がひしめきあっています。多くのストリートチルドレンはここで働き口を探しますが、安定した仕事にはつけず、ほとんどの子どもはゴミ拾いや荷物運び、物売りなどで日々の生計を立てています。観光客やおとなに群がって、物乞いをする子どもも多くいます。

彼らは学校にいけず、読み書きも満足にできないため、だまされたり、不当に働かされたりしています。新聞売りで得たわずかな収入を、寝ている間に盗まれたり、警官に暴力を振るわれて寝床を追い出されたり、給料の未払いや安すぎる賃金での労働もあります。

また、彼らははだしで不衛生な路上で生活しているため、栄養不足や皮膚病、足の擦り傷や打撲などが絶えず、交通事故の危険とも常に隣り合わせです。孤独や不安な気持ちから逃れるため、ドラッグを使用している子どももいます。

日本のNGO「国境なき子どもたち」は、ダッカで、ストリートチルドレンの保護施設「ほほえみドロップインセンター」を運営しています。朝9時から夕方5時まで、読み書きを教え、給食も提供して、レクリエーションや健康チェック、カウンセリングなどをしています。センターには毎日、6歳から16歳の子どもたちが50人近く訪れています。

12歳のカジョール（仮名）は、両親とささやかにくらしていましたが、警備員だった父親がある日突然、心臓発作で亡くなり、ショックを受けた母親も後を追うように亡くなりました。その後は、メイドとして住み込みで働くおばあさんに引き取られ、住み込み先でおばあさんの手伝いをしながら生活していました。そんな折、カジョールのお兄さんが彼をダッカに誘います。お兄さんはリキシャの運転手として働きましたが弟を養うだけの給料はもらえず、カジョールは船着き場で働いていました。

バングラデシュ

『世界子供白書 2016』（ユニセフ）より

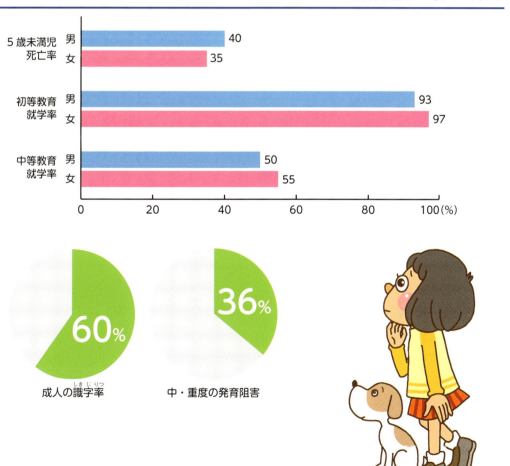

5歳未満児死亡率 男 40 / 女 35
初等教育就学率 男 93 / 女 97
中等教育就学率 男 50 / 女 55

60% 成人の識字率
36% 中・重度の発育阻害

7 第二次世界大戦以降、最悪の難民数

　紛争や迫害をのがれ、他国へ避難する人たちを「難民」といいます。また、家を離れ、国内で避難生活をしている人は「国内避難民」といいます。

　過去10年の間、世界の難民と国内避難民は増えつづけています。2016年の調査では、世界の難民・避難民数は6,500万人を超え、国連難民高等弁務官事務所（UNHCR）が統計を取り始めてから最多になりました。これは、第二次世界大戦後、国連で「難民条約」が採択されて以来、最悪の事態です。

　最大の原因はシリア難民の急増です。

　中東のシリアでは、2011年、内戦が勃発しました。それ以来難民が増えつづけ、2016年には世界最多の難民発生国になっています。

　2015年、新たに発生した難民の54パーセント、552万人がシリア難民です。ついで、アフガニスタン難民250万人、ソマリア難民101万人になります。

　難民を受け入れている主な国は、トルコ280万人、パキスタン140万人、レバノン100万人、そのあとイラン、ウガンダ、エチオピアとつづきます。

　これらの難民の半数以上が18歳未満の子どもで、避難中に親とはぐれ、孤児になった子どもたちも、3万人以上います。

■世界の難民等の数の変化（単位：百万人）

■地域別難民等の数（2014年）

出典：UNHCR及びUNRWA

難民・避難民が多く発生している国 (2016年末：単位万人)

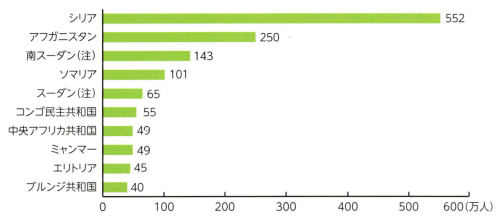

- シリア 552
- アフガニスタン 250
- 南スーダン(注) 143
- ソマリア 101
- スーダン(注) 65
- コンゴ民主共和国 55
- 中央アフリカ共和国 49
- ミャンマー 49
- エリトリア 45
- ブルンジ共和国 40

(注)「南スーダン」と「スーダン」はそれぞれの国別統計が存在しないため、「南スーダン」出身の難民・避難民のうち不特定の数が「スーダン」出身者数に含まれている、あるいはその反対の可能性があります。(出典：UNHCR)

プラン・インターナショナルがエチオピアに設置した子ども広場で遊ぶ南スーダン難民の子どもたち

©プラン・インターナショナル

「難民等」とは、「国連難民高等弁務官事務所」(UNHCR)が保護対象とする難民、国内避難民、無国籍者、庇護申請者等と、「国連パレスチナ難民救済事業機関」(UNRWA)に登録されたパレスチナ難民数を合わせた数です。

8 紛争の犠牲になる子どもたち【シリア】

　中東のシリアでは、2011年3月、内戦がはじまりました。
　それまでシリアは、近隣の国から多くの難民を受け入れてきました。しかし、内戦は長期化し、世界でもっとも難民数の多い国になってしまいました。
　2016年12月末時点で、国外へ逃れた難民数は、UNHCR（国連難民高等弁務官事務所）が把握しているだけで480万人以上。国外に逃れることができず、国内で避難生活を送る人は870万人に上るとみられています。合わせると、シリアの人口の半数以上が家を出て、避難生活を送っていることになります。
　これは、世界の難民・避難民のおよそ5分の1に当たります。
　シリア難民の半数以上は隣国トルコへ、ほかの人びとも周辺国のレバノン、ヨルダンなどに逃れています。しかし、難民の爆発的な増加によって、周辺の国でもこれ以上の受け入れは難しく、難民キャンプにも入りきれません。多くの人は路上生活など劣悪な状態で、貧困や飢餓におちいっています。
　しかたなく、さらに遠くまで、ヨーロッパを目指して移動する人も増えています。でも、海や国境をいくつも越えなければならず、その過酷すぎる旅は多くの死亡者や孤児を生んでいます。
　ヨーロッパにたどり着いたシリア難民は90万5000人、避難を余儀なくされている人の、わずか7％にすぎません。

ハンガリーのひまわり畑を逃亡中のシリア難民の父娘
©プラン・インターナショナル

人口の約半数が難民・避難民に

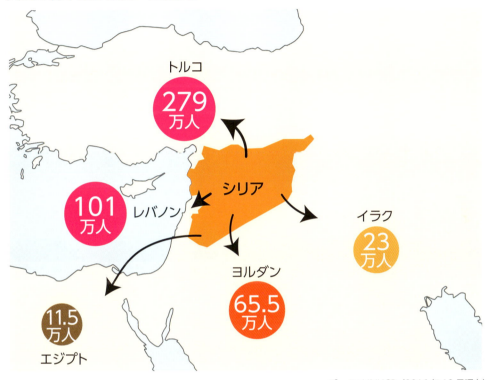

データ：UNHCR（2016年12月現在）

　5歳の女の子イナス（仮名）は、家族みんなで故郷シリアを離れ、ヨルダンにやってきました。爆撃で家や友だちを失い、命からがら逃げてきたのです。もう、1年がたちましたが、両親は仕事もなく、きょうだいたちは学校にも幼稚園にもいけません。

・・・・・・・

　8歳のロシーナ（仮名）は、6歳の妹とお母さんと3人でトルコに避難してきました。お父さんは今もシリアに残ったままです。冷たい雨に打たれながら、寝る場所もなく、歩きつづけました。でも、これからどこにいくのか、どこまでいけば安心して寝られるのか、まったくわかりません。

9 ロヒンギャの子どもたち【ミャンマー】

　ロヒンギャは、ミャンマー西部、バングラデシュとの国境付近に住む少数民族です。100万人近くいると推計されますが、多くのミャンマー人とは言語や宗教が違うことを理由に、長年、差別的なあつかいを受けてきました。

　2017年8月、こうした待遇に不満を持ったロヒンギャの人びとと、ミャンマー警察との小競り合いが起こったのをきっかけに、政府はロヒンギャの掃討作戦を開始しました。

　ロヒンギャの地域は紛争状態となり、住む場所を失った65万人を超える人びとが、となりのバングラデシュにのがれて、難民になっています。そのおよそ半数は子どもです。

　何日も悪路を歩きつづけ、そまつなボートやいかだで川を渡り、国境をこえました。紛争で親を殺されたり、避難の途中ではぐれたりして、孤児になった子どもも少なくありません。

　命からがらたどりついた難民キャンプは、竹の骨組みをビニールシートでおおっただけの造りで、電気も水も、床さえありません。子どもたちは食べ物も勉強する場所もなく、水くみや炊事用のまき集め、小さいきょうだいの世話などをしてくらしています。

　でも、遠くの水場まで水くみにいったり、森や藪に入ってまきを集めるのは、毒ヘビや野生動物に襲われる不安ととなり合わせです。また、こうした子どもをねらった誘拐や、人身売買も発生しています。

　国際NGOのプラン・インターナショナルは、ここで公共トイレの設置や、石けんや歯ブラシなど衛生用品の支給、女性用の水浴び場の設置など、緊急支援を行ってきました。今後は子どもたちに学びの場所を提供し、親を亡くした子どもたちの保護をめざして、活動をつづけています。

Photo by Ryuichi

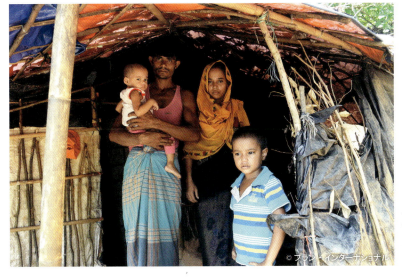
ミャンマー西部ラカイン州で起きた暴動からバングラデシュに避難してきたロヒンギャ族の家族

プラン・インターナショナルは、子どもの権利（けんり）を推進（すいしん）し、貧困（ひんこん）や差別（さべつ）のない社会を実現（じつげん）するために世界70カ国以上で活動する国際NGOです。

10 子ども兵士

　世界の紛争地域には、武器を持って戦闘に参加している子どもたちがいます。
　貧困のため、みずから志願して兵士になる場合もありますが、多くはおとなにおどされたり、だまされたりして、入隊させられています。軍や武装勢力に誘拐されて、強制的に戦場へ送られることもあります。
　子どもの目の前で家族を殺したり、麻薬を注射して子ども自身に自分の親を殺させたりして、二度と帰る場所がないようにしてしまう残酷な例も報告されています。
　こうした子ども兵士は男の子だけではありません。子ども兵士のおよそ40パーセントは女の子です。戦闘に参加させられるだけでなく、スパイや連絡係、食事の世話や荷物の運搬など、さまざまな役割を与えられます。
　女子の兵士は性的な暴力を振るわれることも多く、妊娠し、赤ちゃんを背負いながら戦闘に参加している人もいます。

　子ども兵士は、世界に25万人以上いると推計されています。最も多いのはアフリカ中央部で、コンゴ民主共和国やソマリア、スーダン、南スーダンなどです。アジアや中東でも、ミャンマー、アフガニスタンなどで子ども兵士が報告されています。
　ユニセフをはじめとする国連機関では、18歳未満の子ども兵士を禁止し、軍への指導や保護活動に当たっています。しかし、

© UNICEF/UN037266/Lomodong

これから武装グループから解放される子ども兵士
（2016年10月26日撮影）

保護され故郷へ帰ることができても、軍事訓練以外の教育を受けていないため社会復帰を果たすのは極めて困難です。また、過酷な戦闘シーンを目の当たりにしたり、望まない暴力行為を強制されてきたため、心を病んでしまう子どももいます。

　　リベリア出身のファヤ（仮名）は、11歳のとき、家族と歩いていたところを武器を持った集団に取り囲まれました。お母さんが助けを求めて走り出すと、いきなり銃撃され、殺されました。ファヤはお父さんときょうだいたちとは別の場所に連れていかれ、銃の撃ち方を教えられました。戦場では最前線に連れていかれ、腕にけがを負いました。敵の兵士を捕まえたときには、年上の兵士に命令されて、敵を撃ちました。もし従わなければ、その場で自分が殺されていたでしょう。

・・・・・・・・

　　ウガンダ出身の少女アイーシャ（仮名）は、8歳のとき武装グループに誘拐されました。はじめは女性兵士が出産した赤ちゃんのお世話係でしたが、12歳になると兵士としての訓練がはじまりました。男性の兵士に暴行も受け、13歳で赤ちゃんを産みました。そのあとも子どもを背負ったまま戦闘に参加していましたが、足を2度撃たれて戦えなくなり、除隊させられました。

11 2分おきにあらたな栄養不良児が発生【南スーダン】

　アフリカ中部の南スーダン共和国は、2011年7月にスーダンから分離、独立した新しい国です。

　しかし、国造りが成果をあげる前に政府内の対立が激しくなり、2年後の2013年には、紛争が勃発しました。

　戦闘の激しい地域では食料不足になり、おとなも子どもも、急速に栄養不良の状態におちいりました。およそ20万人が難民や避難民になり、25万人の子どもが重度の栄養不足になっています。

　しかし、せっかく再建した病院や入院施設、栄養改善のための保健施設や安全な水の供給システムなども、わずか1年ほどで破壊されてしまいました。食料の配給も、保健や栄養のための支援は、国民のほとんどに届いていません。ユニセフでは、200万人以上の子どもや妊娠中の女性に対し、栄養不良の治療と予防のための緊急支援を行っています。

　2015年8月には和平合意が実現しましたが、翌年には再び戦闘が激しくなりました。住民は身を守るために森や湿地ににげ込んでくらしています。そうした地域には、支援物資すら届きません。

　また、南スーダンには多くの子ども兵士がいます。

　ユニセフは、子ども兵士を解放するよう武装勢力と交渉をつづけ、2015年から少なくとも2000人近くの子どもたちが解放されました。

　しかし、一方で新たな子ども兵士の発生も後を絶たず、2016年だけでも、1,300人以上の子どもが兵士として軍に採用されています。いまも1万9,000人ほどの子ども兵士がいると推定されています。

南スーダンの実態

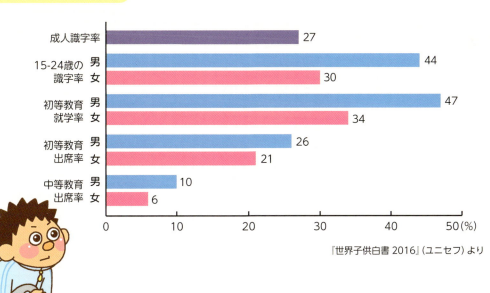

成人識字率	27
15-24歳の識字率 男	44
15-24歳の識字率 女	30
初等教育就学率 男	47
初等教育就学率 女	34
初等教育出席率 男	26
初等教育出席率 女	21
中等教育出席率 男	10
中等教育出席率 女	6

『世界子供白書 2016』（ユニセフ）より

12 「食品ロス」をなくして飢餓を克服しよう

　世界ではおよそ8億人、世界人口の9人に1人が飢餓に苦しんでいます。とくに、サハラ砂漠以南のアフリカと南アジア地域は深刻です。

　飢餓に苦しむ人たちの多くは、開発途上国の農村部にくらしています。そのほとんどが小規模農家で、作物の収穫量が、天候や自然災害に大きく左右されます。自給自足のささやかな農業ですが、家計をささえる収入も、家族が十分に食べられる収穫量もなく、その日ぐらしもやっとの状態です。

　しかし、世界で1年間に生産される穀物の量はおよそ25億トン。世界中のすべての人が、十分に食べられるだけの量は生産されているのです。

　ではなぜ、8億人もの人が飢えに苦しんでいるのでしょうか。

　「国連世界食糧計画」（WFP）の調べでは、世界で生産される食料の3分の1、およそ13億トンが、毎年捨てられています。

　なかでも、日本の年間の食料廃棄量は2,800万トン。これは、サハラ砂漠以南のアフリカで1年間に生産される食料と、ほぼ同じ量です。

　傷んでいなくても、食べ残しや賞味期限切れなど、食べられたはずの食べ物の廃棄量も600万トンを超えます。日本人1人当たりに換算すると、毎日おにぎり1～2個分を捨てている計算になります。

　こうした食べ物のむだ遣いを「食品ロス」といいます。食品ロスは大きなレストランやスーパーだけでなく、約半分はわたしたちの家庭から出されているのです。

©UNICEF/UN0152298/Gonzalez Farran

人口の3分の2が飢餓の恐れがある南スーダンで、重度の急性栄養不良と診断され、治療ミルクを飲む2歳のマリア・ジョンちゃん。（2017年10月撮影）

世界で1年間に捨てられる食料

日本の「食品ロス」の現状(げんじょう)

参考：「ハンガー・フリー・ワールド」webサイト

未来ある地球のために

「持続可能な開発目標」＝SDGsは、17の目標と、さらに具体的な169の項目で構成されています。
ここでは、17の目標を紹介します。

目標1	あらゆる場所で、あらゆる形態の貧困に終止符を打つ	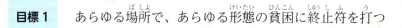
目標2	飢餓に終止符を打ち、食料の安全確保と栄養状態の改善を達成するとともに、持続可能な農業を推進する	
目標3	あらゆる年齢のすべての人々の健康的な生活を確保し、福祉を推進する	
目標4	すべての人々に包摂的かつ公平で質の高い教育を提供し、生涯学習の機会を促進する	
目標5	ジェンダーの平等を達成し、すべての女性と女児のエンパワーメントを図る	
目標6	すべての人々に水と衛生へのアクセスと持続可能な管理を確保する	
目標7	すべての人々に手ごろで信頼でき、持続可能かつ近代的なエネルギーへのアクセスを確保する	
目標8	すべての人々のための持続的、包摂的かつ持続可能な経済成長、生産的な完全雇用およびディーセント・ワークを推進する	
目標9	レジリエントなインフラを整備し、包摂的で持続可能な産業化を推進するとともに、イノベーションの拡大を図る	

目標10	国内および国家間の不平等を是正する	
目標11	都市と人間の居住地を包摂的、安全、レジリエントかつ持続可能にする	
目標12	持続可能な消費と生産のパターンを確保する	
目標13	気候変動とその影響に立ち向かうため、緊急対策を取る	
目標14	海洋と海洋資源を持続可能な開発に向けて保全し、持続可能な形で利用する	
目標15	陸上生態系の保護、回復および持続可能な利用の推進、森林の持続可能な管理、砂漠化への対処、土地劣化の阻止および逆転、ならびに生物多様性損失の阻止を図る	
目標16	持続可能な開発に向けて平和で包摂的な社会を推進し、すべての人々に司法へのアクセスを提供するとともに、あらゆるレベルにおいて効果的で責任ある包摂的な制度を構築する	
目標17	持続可能な開発に向けて実施手段を強化し、グローバル・パートナーシップを活性化する	

＊訳文およびロゴマークは国際連合広報センターによります。

協力

アムネスティ・インターナショナル日本
かものはしプロジェクト
国連WFP
セーブ・ザ・チルドレン・ジャパン
日本ユニセフ協会
プラン・インターナショナル・ジャパン

茂木ちあき（茂手木千晶）・著

千葉県生まれ。主な著書に『お母さんの生まれた国』『清政──絵師になりたかった少年』（ともに新日本出版社）、『空にむかってともだち宣言』（国土社・第63回青少年読書感想文コンクール課題図書）などがある。日本児童文学者協会会員。

どいまき・絵

トキワ松学園女子短期大学グラフィックデザイン科卒業。作品に『たんじょうびのぼうけん』（フレーベル館）、『うんちさま』（金の星社）などがある。日本児童出版美術家連盟会員。

表紙写真：三井昌志

デザイン：商業デザインセンター
　　　　　松田珠恵

持続可能な地球のために── いま、世界の子どもたちは 1
安心してくらしたい【貧困・飢餓】

2018年6月30日　初　版

NDC369　31P　27×19cm

著　　者	茂木ちあき	
発　行　者	田所　稔	
発　行　所	株式会社 新日本出版社	
	〒151-0051 東京都渋谷区千駄ヶ谷4-25-6	
電　　話	営業 03(3423)8402　編集 03(3423)9323	
振　　替	00130-0-13681	
印　　刷	光陽メディア	
製　　本	小高製本	

落丁・乱丁がありましたらおとりかえいたします。

© Chiaki Motegi 2018
IISBN978-4-406-06261-9　C8337 Printed in Japan

本書の内容の一部または全体を無断で複写複製（コピー）して配布することは、法律で認められた場合を除き、著作者および出版社の権利の侵害になります。小社あて事前に承諾をお求めください。

info@shinnihon-net.co.jp／www.shinnihon-net.co.jp